LE

BIBLIOPHILE JACOB

(PAUL LACROIX)

Paul Lacroix
(bibl. Jacob)

HISTOIRE CONTEMPORAINE

Portraits et Silhouettes au XIXe siècle.

LE

BIBLIOPHILE JACOB

(PAUL LACROIX)

PAR

EUGÈNE DE MIRECOURT.

10

TROISIÈME ÉDITION.

PARIS

LIBRAIRIE DES CONTEMPORAINS

13, RUE DE TOURNON

Et chez tous les libraires de France et de l'Étranger

1869

LE
BIBLIOPHILE JACOB
(PAUL LACROIX)

La renommée est comme la nature :
elle a ses époques de sève et de floraison,
puis ses chutes de feuilles. Après les
printemps qui donnent la gloire, elle a
ses automnes qui n'apportent que de
l'indifférence.

De tous les souverains, sa majesté le
Public est sans contredit le plus capri-
cieux. Il aime qu'on le flatte et qu'on
l'amuse. Ayez un brin de dignité per-

1.

sonnelle, ne battez pas la grosse caisse,
il vous oublie.

Voilà pourquoi, de nos jours, on ne
parle plus guère du bibliophile Jacob et
de ses innombrables travaux. C'est une
ingratitude et un tort dont nous ne
voulons pas nous rendre coupable à
notre tour envers l'auteur des *Soirées
de Walter-Scott à Paris* et de tant
d'autres ouvrages dévorés jadis par une
foule enthousiaste.

Né le 23 février 1807, et fils d'un
chef de bureau de l'administration cen-
trale de l'enregistrement, Paul Lacroix
aima les livres dès sa première enfance.

Il se formait une petite bibliothèque
dans le pupitre de sa pension avec l'argent qu'on lui donnait pour ses menus
plaisirs. Au bout de six mois, il possé-
dait presque tous les *poétereaux* fran-

çais, comme les appelaient ses camarades. Paul faisait surtout ses délices de Clément Marot, sans parler des drames et des tragédies de Dubelloy, de Sedaine, de Ducis, et des comédies de Regnard et de Molière.

En sixième, notre écolier se mit à écrire un roman d'aventures imité du *Gil Blas* de Le Sage.

Il en était à je ne sais quel volume, quand, à la veille de sa première communion, son confesseur lui ordonna de tout brûler.

Paul obéit en pleurant.

Était-ce de repentir, ou était-ce de désespoir ?

Les romanciers précoces ne sont pas ordinairement des élèves de premier ordre. Notre futur bibliophile négligeait thèmes et versions. Ses plus éclatants succès de collége consistèrent en un accessit d'histoire, qu'il remporta tous les ans sans coup férir. La politique s'était, d'ailleurs, unie au goût de la lecture pour troubler la tête de l'écolier. Bonapartiste féroce, il administra une volée sterling à deux ou trois jeunes partisans de la dynastie légitime qui avaient importé la croix du Lis dans le pensionnat. Vers le milieu de son année de troisième, il fut renvoyé du collége pour manifestations hostiles à la Sainte-Alliance. Il dut achever ailleurs ses humanités.

En rhétorique, Paul composa un drame en vers et à grand spectacle, avec des ruines, des souterrains, des brigands et des religieuses.

Il rimait à force, bâclait des vaudevilles, des opéras comiques, et présentait le tout aux directeurs de théâtre, qui refusaient ses chefs-d'œuvre avec la persévérance la plus soutenue.

— Je suis sûr qu'ils ne me lisent pas, se dit le jeune homme. Nous allons bien voir !

Sans plus tarder, il présente à la direction de la Porte-Saint-Martin le manuscrit d'une folie-vaudeville intitulée les *Dieux remis à neuf*, œuvre conçue dans le goût des *Petites Danaïdes*, et il a soin de coller de deux en deux feuilles les pages de son manuscrit.

Un mois après, on lui rend sa pièce, « qui révélait, disait le rapport, de très-heureuses dispositions » ; mais on ajoutait « que les sujets mythologiques étaient interdits à la Porte-Saint-Martin.»

Paul ouvre le manuscrit, pas un feuillet n'a été décollé:

Ceci le dégoûte du théâtre. Il s'adonne exclusivement à la poésie. En relisant Clément Marot pour la dixième fois peut-être, il eut l'idée d'en publier une édition, ce qui était d'une assez remarquable hardiesse pour un écolier de dix-sept ans. Un éditeur, M. Rapilly, accepte le projet. Paul se met à l'œuvre. A tout prix il veut débuter dans la carrière des lettres, et chaque jour il répète à une vieille servante qui l'a élevé :

— Quoi qu'on fasse et quoi qu'on dise, je serai auteur comme mon père.

Effectivement, son père avait composé un roman et deux poëmes. Le roman s'appelait *Ladouski et Floriska.* Guilbert de Pixerécourt en tira son mélodrame des *Mines de Pologne.* Quant aux poëmes, dictés par la muse bonapartiste, ils eurent l'un et l'autre un assez joli succès... politique.

La grand'mère de Paul avait elle-
même publié un roman : *Constance* ou
le Danger des préventions maternelles.

On raconte sur cette grand'mère du
bibliophile une curieuse histoire. Elle
répétait souvent à son petit-fils :

— Travaille, mon ami, travaille ! et
pour te récompenser je te laisserai mon
fauteuil.

Ce fauteuil, meuble détérioré et ver-
moulu, cachait un mystère que Paul ne
devina point. Dans une vente après décès, il abandonna très-irrévérencieuse-
ment cette relique de famille à un brocanteur, pour la modeste somme de
trois francs cinquante centimes. Le surlendemain, on découvrit au fond d'une
cassette un billet testamentaire ainsi
conçu :

« Dans un fauteuil que je lègue à mon

petit-fils Paul, pour l'encourager à bien faire, j'ai caché en diverses fois une somme de quarante mille francs en or et en billets de banque. »

Grand émoi, recherche du fauteuil et du brocanteur ; on ne trouve ni l'un ni l'autre.

Le chagrin de cette perte n'empêcha pas le jeune homme de continuer son édition des œuvres de Clément Marot. Il publia dans un petit journal, *la Lorgnette*, des articles satiriques contre Mme de Genlis et des ballades en prose dans le goût de Parny.

A cette époque, M. Sosthènes de la Rochefoucauld, ministre de la maison du roi, célèbre pour avoir allongé pudiquement les robes beaucoup trop courtes de ces dames de l'Opéra, voulut faire concourir le théâtre à l'instruction du peuple, et fonda un prix de trois mille francs pour le meilleur livret d'opéra tiré de l'histoire de France. Paul Lacroix se présenta au concours avec un *Witikind* (épisode de la lutte de Charlemagne contre les Saxons), et son œuvre, qui semblait réunir toutes les chances de succès, n'obtint pas même une mention honorable.

Le prix fut donné à M. Moline-Saint-Yon, qui devint plus tard général et ministre de la guerre.

Notre candidat désappointé demande audience au ministre de la maison du roi, et va réclamer auprès de Son Excellence, qui le reçoit d'abord gracieusement, puis arrive à l'éconduire d'une façon très-brève en apprenant le sujet de sa requête.

Paul, blessé au vif, publie aussitôt

contre le ministre une satire mordante pour venger l'honneur de *Witikind*.

Malgré les pompeux éloges accordés à l'auteur par les feuilles libérales, cette satire ne se vendit pas, et la plus grande partie de l'édition eut un singulier placement. Un ami de Paul Lacroix qui, pour avoir des opinions politiques tout à fait opposées aux siennes, ne continuait pas moins à le voir, lui proposa, quelques jours après la mise en vente de la satire, de l'associer à un déjeuner de garçon.

— Je n'ai pas d'argent, dit Paul ; si j'avais seulement vendu cent exemplaires de ma brochure, j'accepterais un rôle dans ton pique-nique.

— Combien l'exemplaire ?

— Un franc.

— Donne-moi quatre cents exemplaires, je me charge de payer ton écot.

— Volontiers, mais qu'en feras-tu ?

— Un bon usage, répond le jeune légitimiste.

Paul cesse de le questionner et lui envoie les quatre cents exemplaires. Trois jours après, le fameux déjeuner se donne. Au milieu des toasts, l'ami du drapeau sans tache propose de boire à la santé de M. Sosthènes de la Rochefoucauld.

— C'est notre amphitryon, Messieurs, s'écrie-t-il ; écoutez l'histoire ! Paul, ici présent, a osé rendre ce pauvre Sosthènes victime de ses attaques. J'ai écrit alors au ministre : « Monsieur le comte, un vaurien de ma connaissance a publié contre vous un affreux libelle. Je viens d'être assez heureux pour en faire racheter 400 exemplaires, et je vous les adresse en vous engageant à les

détruire pour éviter le scandale. » —
Son Excellence m'a envoyé sur-le-champ
une lettre gracieuse accompagné de
500 francs, qui font les frais de notre
gueleton. Vive le roi, Messieurs ! A bas
Voltaire et Rousseau !

Petit à petit, la rumeur qui se faisait
autour de Paul Lacroix le mit en rela-
tions avec quelques libraires. On lui de-
manda des éditions de Malfilâtre et de
Rabelais ; il les fit tant bien que mal, et
elles se vendirent.

Tout ceci se passait en 1825.

Étienne Arago et Maurice Alhoy ve-
naient de fonder le *Figaro*. Ne pouvant
le soutenir seuls, ils en cédèrent la pro-
priété à Lepoitevin Saint-Alme, qui ré-
solut de s'adjoindre tous les aspirants à
la littérature. Il rencontra Paul Lacroix

qui se lamentait encore sur la fâcheuse destinée de ses pièces de théâtre.

— Venez au *Figaro* avéc nous, lui dit Saint-Alme, cela vous reposera. Ecrivez une nouvelle pièce ; je me charge de la faire recevoir.

Paul, sur la foi de cette parole, se met à travailler assidûment tous les jours, de midi à six heures, dans la salle à manger de Saint-Alme, qui servait de bureau de rédaction.

Ce fut là qu'il vit pour la première fois Jules Janin.

L'illustré et consciencieux critique des *Débats* n'était alors absolument connu que par ses gants verts et ses faux-cols droits à perpétuité.

Voilà donc notré auteur dramatique incompris devenu fabricant d'épigrammes. Il excellait à faire le mot et les

2.

coups de lancette. Pendant dix-huit mois, cet esprit bienveillant et doux joua, sous les ordres de Lepoitevin Saint-Alme, avec la méchanceté du petit journalisme, comme l'enfant joue avec la poudre, sans savoir à quoi il s'expose. En même temps il faisait une pièce en vers et en trois actes, *Nuit et Matin,* que Saint-Alme patronna auprès de son ami et collaborateur Frédéric du Petit-Méré, directeur de l'Odéon. La pièce fut reçue par le comité de lecture ; mais le directeur, prenant le jeune homme à l'écart, lui dit en confidence :

— Il y a du mérite dans votre pièce, mon cher. Seulement, trois actes, c'est trop. Vous attendriez deux ans. Faites une autre *machine* en un acte, et je vous joue tout de suite.

Huit jours après, Paul avait bâclé une

comédie intitulé la *Charade*, sur la trop
célèbre charade de Faublas ; c'était le
nec plus ultra de l'osé. L'acte fut reçu
au milieu des éclats de riré de l'audi-
toire.

Venez chez moi dans deux jours, dit
le directeur, nous monterons votre petite polissonnerie.

Lacroix arrive, le surlendemain, avec
son manuscrit sous le bras : pendant la
nuit, Frédéric du Petit Méré était mort
d'indigestion.

Décidément le jeune homme n'avait
point de chance, et la morale, dans cette
affaire, en eut plus que lui. Le voilà re-
jeté dans les servitudes du *Figaro*, re-
prenant ses épigrammes et ses logogri-
phes, dont le mot était toujours un nom
propre. Ces pointes éternelles faisaient
la fortune du journal, mais souvent aussi

attiraient à l'auteur des provocations et des duels, que l'habileté de Saint-Alme savait faire tourner en plaisanterie.

C'était le moment de la guerre entre les Grecs et les Turcs.

Il y avait à Paris un turcophile, le marquis de Livron, chargé d'enrôler des hommes pour le sultan. Ce marquis, très-excentrique de sa nature, professait un culte d'admiration pour l'islamisme. Paul Lacroix lui lança un beau matin les quatre rimes suivantes :

Pour le salut des Grecs, ô ciel, nous t'implorons !
Cependant d'un Français si l'indigne bassesse
Aux fureurs du Croissant osait livrer la Grèce,
Mille voix aussitôt répéteraient : *Livrons !*

Dans la matinée même, le marquis, petit homme trapu et moustachu, arrive au bureau du journal et provoque en duel toute la rédaction *philhellène.* Peu

rassuré sur le résultat de son quatrain,
Paul va prévenir Saint-Alme de la visite
de cet importun.

— Qu'il entre dans mon cabinet, dit
le rédacteur en chef, riant déjà de cette
colère ; j'en ferai un abonné.

Saint-Alme, homme très fin, très-spi-
rituel, était en même temps robuste
comme un hercule. Il accueille le nouveau venu avec beaucoup de sérieux.

— Je suis le marquis de Livron.

— Très-bien... Enchanté, Monsieur,
de faire votre connaissance ! Vous venez
nous proposer un duel au nom des tur-
cophiles ; mais savez-vous que nous
sommes ici au moins une dizaine ?

— N'importe, répond M. de Livron,
je trouverai pour me seconder autant
d'amis que vous avez de rédacteurs.

— Bravo ! la partie sera complète :

Turcs d'un côté, Philhellènes de l'autre ;
nous renouvellerons les Horaces et les
Curiaces. Ce sera très-beau ! Il faudra
prendre jour et prévenir la population,
qui sera curieuse de voir cela.

— Monsieur, la cause que je soutiens,
je la défendrai devant tout le monde.

— Mais j'y pense, dit Saint-Alme,
pour ce duel il nous faut le costume.
Avez-vous le vôtre ?

— Oui, Monsieur.

— Diable ? mais nous n'avons pas de
costumes grecs, nous... Comment faire ?
Enfin, l'on verra. Je dois vous prévenir,
en outre, que j'ai, pour me battre, une
arme spéciale.

— Celle que vous voudrez, Monsieur,
dit le marquis de Livron ; je me bats
aussi bien à l'épée, au sabre, au cime-
terre, qu'au fusil ou au pistolet....

— Moi, Monsieur, dit Saint-Alme, je ne me bats qu'au canon !

Le Turc mystifié ne sut que répondre. Souffleter un homme deux fois plus grand que lui devenait dangereux, sinon impossible, et Saint-Alme continua :

— Si vous lisiez attentivement le *Figaro*, vous sauriez que le canon est la seule arme dont nous nous servons dans nos duels.

— Soit, j'y consens ; mais soyez plus modérés dans vos plaisanteries, dit en finissant M. de Livron.

En le reconduisant, Saint-Alme jeta ces mots à la rédaction stupéfaite :

« — Prenez l'adresse de Monsieur, sur le registre des abonnés ! ».

Cela montre à quelle puissance d'intimidation en était arrivé, à cette époque, le petit journalisme. Les Janin, les Théophile Gautier, tous les hommes qui ont voulu clouer trop souvent la parole sur les lèvres d'autrui, vivaient alors, non de vérités hardiment écrites, mais de scandales inutiles et d'attaques dirigées par la rancune ou par le caprice.

En 1825, l'Académie proposa, comme sujet du prix de poésie, l'éloge du phi-lanthrope Monthyon, sous cette forme : *Épître d'un jeune homme, qui a rem-porté le prix de vertu, à sa mère.* Paul Lacroix envoya un manuscrit, résultat de ses plus heureuses inspirations. Il croyait bien avoir cette fois la cou-ronne académique.

Ce fut M. de Wailly qui l'obtint.

Paul fait aussitôt imprimer son œuvre avec cette suscription : *Poëme présenté au concours et qui n'a pas même été mentionné ;* puis il paie deux hommes pour le distribuer aux portes de l'Académie, le jour du couronnement des lauréats. L'opinion lui fut favorable.

M. de Wailly, dont l'œuvre était fort classique, mais ne renfermait pas les mêmes beautés, ne lui pardonna jamais cette concurrence aussi singulière qu'inattendue.

Le *Figaro* avait changé de mains. Nestor Roqueplan en était devenu rédacteur en chef. Paul Lacroix ne réussit pas à s'y caser d'une façon convenable et prit le feuilleton des *Annales du Commerce*, qu'il rédigea pendant deux années consécutives avec beaucoup de verve. Il y prit la défense du premier drame de Victor Hugo, *Amy Robsart*, joué à l'Odéon, au commencement de 1828, sous le nom de Paul Foucher, beau-frère du poëte. Le lendemain de la première représentation, qui avait été orageuse, Paul commençait ainsi le compte-rendu de ce premier essai de l'école romantique :

« Siffle, parterre imbécile, siffle ce que tu n'es pas digne de comprendre ! »

Il y eut, le jour même, un désabonnement unanime dans les cafés et dans les cabinets de lecture du quartier Latin. Tous renvoyèrent le journal.

Les étudiants avaient promis de briser les tabourets, les vitres et les tables, si on le recevait encore. Paul Lacroix eut cinq ou six propositions de duel, que son calme et son esprit firent avorter.

A l'occasion de la mort du général Foy, il improvisa une biographie du défunt et la fit vendre à un nombre considérable d'exemplaires, au milieu de l'effervescence des funérailles. Il prit part au concours poétique ouvert par Laffitte et par les autres chefs du libéralisme pour célébrer le voyage de Lafayette dans le Nouveau-Monde.

Le dithyrambe de Paul Lacroix fut jugé digne d'une mention très-honorable.

On en lut des fragments dans la séance solennelle où les vainqueurs furent couronnés, et le rapporteur fit entendre qu'il avait balancé le prix.

Une autre fois encore, Paul arbora le drapeau politique, lorsque Béranger fut condamné à la prison. Le *Figaro* venait de le reprendre, comme rédacteur, après la chute des *Annales du Commerce*. Il y publia des couplets dont le refrain : *Rendez-nous notre Béranger !* faillit l'envoyer rejoindre son héros à Sainte-Pélagie.

Au commencement de 1828, il achevait dans ce journal sa dernière campagne de coups de lancette, en compagnie de Rolle, de Janin, d'Alphonse Royer, de Raymond Brucker, d'Etienne Arago et de Michel Masson ; mais, comme il ne touchait pas l'ombre d'appointements, il en revint à sa vieille passion pour le théâtre.

Un grand drame, le *Maréchal d'Ancre,* reçu à l'Odéon et brutalement arrêté par la Censure, le rendit célèbre dans le quartier Latin, sans rétablir ses finances épuisées.

Les livres lui réussissaient beaucoup mieux que le journalisme, la poésie et la scène.

Ayant publié dans le *Mercure du dix-neuvième siècle,* des chroniques très-lues et très-goûtées, il les compléta par les *Soirées de sir Walter Scott à Paris,* qui eurent, en 1829, un prodigieux retentissement et dix ou douze éditions successives. De cet ouvrage date son pseudonyme de BIBLIOPHILE JACOB, *Membre de toutes les Académies*.

Il se passionna pour le roman historique, représenté seulement alors par le *Cinq Mars* d'Alfred de Vigny et par les drames historiques de M. Vitet. La publication de mémoires apocryphes devint aussi pour sa plume une mine très-féconde. Il avait déjà fait ceux de *Gabrielle d'Estrées* et du *Cardinal Dubois*, lorsque la révolution de Juillet vint le jeter de nouveau dans la littérature batailleuse.

A cette époque, il dirige deux journaux, le *Mercure du dix-neuvième siècle*, et le *Gastronome*, autour desquels il rassemble toute une pléiade de rédacteurs.

3.

Ce fut lui qui lança en pleine voie littéraire Henri Martin, Félix Davin, Achille Jubinal, Louis Lurine et une foule d'autres. Il entreprit, en outre, avec Emile de Girardin, un journal politique, le *Garde National*, qui vécut trois mois et mourut d'inanition. Heureusement la verve du romancier restait vivante et féconde. *Les Deux Fous,* — *le Roi des Ribauds,* — *Quand j'étais jeune,* — *le Divorce,* — achevèrent de poser sa réputation littéraire.

Au sujet du roman des *Deux fous*, la corporation des savants lui jeta l'anathème, parce qu'il avait fait de Diane de Poitiers une blonde, tandis que ces messieurs la proclamaient brune.

Les premières années de la monarchie de Juillet forment la plus belle époque de la vie du Bibliophile.

Jeune encore, et marié à une femme charmante qui partageait ses goûts et ses aspirations artistiques, il habitait rue d'Enfer, vis-à-vis les Chartreux, une petite maison où se réunissaient plusieurs fois la semaine les chefs et les soldats de l'armée romantique : Victor Hugo, Sainte-Beuve, Alexandre Dumas, Frédéric Soulié, Gérard de Nerval, Henri Martin et une foule d'autres, sans compter Jules Lacroix, son frère, auteur connu d'œuvres remarquables, et dont plusieurs traductions en vers ont été couronnées par l'Académie.

Le choléra de 1832 enraya un instant la vogue toujours croissante de notre écrivain.

Il venait de composer la *Danse Macabre,* histoire fantastique du xve siècle, et on l'imprimait chez Cosson. Tout à

coup cinq des ouvriers qui tenaient en
main ses chapitres tombent sous les at-
teintes du fléau et en sont les premières
victimes à Paris. On se figure que le livre porte malheur, on n'ose plus y tou-
cher ; l'impression n'en est reprise qu'à
la fin de l'épidémie.

L'imagination féconde de Paul enfan-
tait chaque mois un nouvel ouvrage que
se disputaient les éditeurs Mame, Ren-
duel, Barba et Magen. Le *Bon vieux
temps* faisait suite aux *Soirées de Walter Scott,* pendant que la *Folle d'Orléans, l'Homme au masque de fer* et
Pignerol fouillaient les secrets du règne
de Louis XIV. Un précieux ouvrage, composé d'après les originaux manuscrits et
imprimés, l'*Histoire du seizième siècle,*
venait de paraître, lorsque l'incendie de
la grande librairie de la rue du Pot-de-

Fer en dévora toute l'édition. [1] Il y avait grande soirée chez le Bibliophile, lorsqu'on vint lui annoncer ce malheur qui anéantissait sa fortune, engagée dans cette maison de librairie.

Cherchant à réparer cette perte énorme, il réimprime les *Mémoires de Jehan d'Auton*, chroniqueur de Louis XII, et demande pour la publication de ce livre le secours du budget du ministère de l'instruction publique.

M. Guizot, alors ministre, souscrit immédiatement pour vingt exemplaires; puis la conversation tombe sur quelques points de controverse.

Toujours entier dans ses opinions, M. Guizot froisse Paul Lacroix par certains mots mal sonnants, par des appréciations dédaigneuses pour ses entreprises

1. En 1835.

de bibliophile. Celui-ci, terrible dans la riposte comme au temps du *Figaro,* lui répond quelques jours après, en publiant dans le journal *le Commerce* un série de lettres écrasantes sur *les cent vingt mille francs votés par les Chambres pour la publication des monuments inédits de l'histoire de France.*

Il critique l'emploi de ces fonds avec un esprit si mordant, que le repos du ministre en est troublé.

Resté maître du terrain sur cette question, Paul imprime un ouvrage intitulé *Mon Grand Fauteuil,* formant deux volumes de poésies et de pièces de théâtre qui révèlent sous une nouvelle face la variété de son savoir et de son talent. Puis viennent l'*Origine des cartes à jouer,* — les *Aventures du grand Balzac,*—les *Adieux des Fées,* — et une *Femme malheureuse,* roman en deux volumes. *De près et de loin*, roman conjugal, fut composé en 1837, avec la collaboration de madame Lacroix.

La plume d'une femme était nécessaire à ce livre. Il devint un chef-d'œuvre par le contraste de l'esprit et de l'expression.

C'est un roman de style épistolaire, une peinture de l'incompatibilité d'humeur avec tous ses développements possibles : avertissement placé devant les mariages d'amour, comme on plante une croix au bord d'un précipice pour signaler le péril aux voyageurs.

A peu près vers cette époque, le Bibliophile apprend qu'une *Histoire de Soissons* est mise au concours par le testament d'une dame de la ville, qui lègue, pour publier cette histoire une somme de douze mille francs. Il se décide à concourir et appelle son ami Henri Martin à partager avec lui la tâche et l'honneur.

Déjà très-érudit sur les origines de France, Henri Martin fait l'histoire de Soissons jusqu'au XIIe siècle, et le bibliophile depuis le XIIe siècle jusqu'à nos jours. Leur ouvrage, en deux gros volumes, imprimé dans les délais voulus, est soumis au jury composé de MM. Daunou, Guérard, Augustin Thierry, Feuriel et Walkenaër. Ces juges de choix le déclarent le meilleur et le plus complet de ceux qui ont été présentés.

Néanmoins, on n'accorde aux auteurs qu'une somme de huit mille francs, et on donne le reste à un M. Leroux, ingénieur de la contrée, pour une histoire *manuscrite* beaucoup plus féconde en topographie qu'en histoire.

Il y avait là une fausse interprétation, car le testament n'admettait au concours que les ouvrages imprimés.

MM. Lacroix et Martin en appelèrent aux tribunaux. Le 27 août 1838, l'affaire fut jugée au sein de la ville picarde, qui s'était émue de ce débat. Dans une élégante et spirituelle plaidoirie qu'il intitulait : *le Dernier chapitre de l'Histoire de Soissons*, Paul Lacroix fit triompher sa cause, et les juges lui délivrèrent le legs de douze mille francs contenu au testament de la dame Maréchal, avec des considérants peu flatteurs pour les académiciens du jury.

Huit jours après, la somme arrivait à Paris, en sacs de pièces de cinq francs.

Elle était à peine, depuis douze heures, dans le secrétaire de Paul Lacroix, lorsque, vers le soir, un homme s'introduit chez lui, sous un vague prétexte, croyant trouver notre écrivain seul. La présence d'ûne tierce personne déconcerte cet homme. Il balbutie, disant qu'il cherche sa femme qu'on lui a enlevée, et se donne pour un officier de la garnison de Paris.

— Ce sont des contes que vous me faites-là, dit Paul Lacroix en l'entraînant dans un cabinet pour l'y enfermer. Je veux savoir qui vous êtes, car je vous prends pour un assassin.

— Voyez, répond avec incohérence l'inconnu, en tirant un long poignard, je venais me faire justice à moi-même !

Paul Lacroix recule épouvanté. Le personnage en profite pour s'enfuir.

On a su depuis, que c'était Lacenaire.

Les nombreux travaux de *l'Histoire*

de Soissons avaient ruiné la santé du Bibliophile. Après avoir gagné son procès, il fut pris d'une bronchite et d'un crachement de sang, qui le forcèrent à aller se rétablir en Italie. Il y arriva fort malade, au mois de décembre 1838, et y resta jusqu'au mois d'août de l'année suivante, dans un tel état de maigreur, et si pâle, que les gens du pays se le montraient du doigt en disant : *Etico !* (poitrinaire).

Un jour, à Rome, où il habitait l'hôtel de l'Europe, place d'Espagne, le propriétaire de l'hôtel monte dans sa chambre, en l'entendant tousser comme un asthmatique.

— Signor, votre répondant ?

— Que voulez-vous dire ? fait le Bibliophile étonné.

— Me donnez-vous la garantie de l'ambassadeur ?

— Je ne comprends pas.

— Si vous mourez, qui paiera les frais ?

— J'espère bien ne pas mourir encore. Du reste, quant aux frais de l'enterrement, je ne suis pas ambitieux et je demande de l'économie.

— Mais qui me paiera ? continue l'hôtelier.

— Je vous paie tous les huit jours.

— Eh non ! je parle de ce lit, de ce fauteuil, de cette table, de ce tapis, de tout ce que contient votre chambre, car on brûle tout après le décès d'un étique.

— Mon cher Monsieur, dit Paul Lacroix, je ne suis pas assez riche pour mourir à Rome, et je m'en vais à Naples.

Le lendemain, en effet, il partait pour l'Italie méridionale dont le climat lui fut salutaire. Pendant ces huit mois passés en Italie, il visita les bibliothèques, fit le catalogue des manuscrits concernant l'histoire de France, et en signala de très-précieux qu'on ne connaissait pas. Il en acheta encore dans le monde érudit plusieurs qu'il rapporta en France comme un trésor.

Hélas ! il ne garda pas longtemps ces richesses incomparables pour un savant. La fortune n'était pas venue pendant sa maladie. Pour se créer des ressources, il dut se résigner à vendre, en 1839, non-seulement ses manuscrits, mais encore toute sa précieuse bibliothèque sur l'histoire de France.

4.

· Il en fit lui-même le catalogue, resté comme un parfait modèle du genre, et précédé d'une préface où nous trouvons ces lignes pleines d'amertume :

« Je ne suis pas le premier homme de lettres qui se voit forcé de vendre sa bibliothèque. De tout temps les pauvres écrivains ont été victimes de la librairie, sinon des libraires ; de tout temps ils se sont trompés, ou plutôt ils ont été trompés, dans leurs chétifs calculs d'intérêt. Diderot fut ruiné après avoir donné au monde l'Encyclopédie ; mais Catherine II lui acheta sa biblothèque et l'en nomma bibliothécaire, sans la lui enlever de son vivant. La grande Catherine ne régnait plus, par malheur, lorsqu'un écrivain célèbre, M. Charles Nodier, vendit deux fois ses livres, à la face du monde lettré. Il les vendra peut-être une troisième fois, à moins que Catherine II ne ressuscite pour l'en empêcher. M. Charles Nodier n'a pas succombé au chagrin de perdre deux bibliothèques. Le savant Codrus Urcéus, au XVIe siècle, se laissa mourir de désespoir, en assistant à l'incendie de la sienne, et cependant Codrus Urcéus n'avait pas besoin de livres pour faire à lui seul un bon dictionnaire de l'Académie française. Je tâcherai de suivre l'exemple de M. Charles Nodier, le maître des bibliophiles passés, présents et futurs. »

Paul se consola en travaillant encore, en travaillant toujours.

Les Dissertations sur quelques points curieux de l'Histoire de France; — les *Francs Taupins,* histoire du temps de Charles VII ; — *le Vieux Conteur;* — *le Marchand du Havre;* — *la Chambre*

des Poisons, histoire du temps dé
Louis XIV; — *Amante et Mère,* etc., fu-
rént publiés en moins d'un an. Chacun
de ces livres fut un succès.

Puis il se lança avec enthousiasme
dans les nouvelles éditions de nos vieux
auteurs, et enrichit successivement de
précieux commentaires et d'excellentes
notes historiques les Œuvres de *Rabelais,*
de *La Fontaine,* de *Béroalde de Verville,*
de *Ronsard,* d'*Emeric David* (cinq volumes seulement ont paru), les Contes de
la reine *Marguerite de Navarre* , de
Bonaventure Desperriers, du *roi Louis
XI,* de *Charles Perrault,* etc., sans men-
tionner les nombreuses notices fournies
comme préfaces à des livres qui lui
étaient étrangers.

Il donna, vers la même époque, une
traduction littérale des *Lettres d'Abei-*

lard et d'Héloïse, et cela n'empêcha point les romans de se succéder avec une rapidité merveilleuse.

Notre bibliophile travaille seul, contrairement à Alexandre Dumas, auquel il eut plus tard le tort de prêter sa collaboration, en consentant à l'anonyme.

La *Comtesse de Choiseul-Praslin*, histoire du temps de Louis XV, parut en 1841, et fut réimprimée, comme à-propos, en 1847. Le *Chevalier de Chaville*, histoire du temps de la Terreur, date également de 1841. En 1842, il donne le *Singe*, histoire du temps de Louis XIV, en deux volumes; — en 1843, *Un Duel sans témoins*, histoire contemporaine. Il annonçait alors *la Nuit des noces*, — *le Siége de Gênes*; — *les Va-nu-pieds* et *l'Histoire de la Régence de Philippe d'Orléans* qui n'ont pas encore vu le jour, — *Une bonne Fortune de Racine*, histoire du temps de Louis XIV, — les *Récits historiques de la jeunesse*, et le *Fils du notaire.* — *Le Ghetto* ou *le Quartier des Juifs*, roman en trois volumes, et *la Réforme de la bibliothèque du roi*, un volume publié d'abord dans le journal *la Patrie*, datent de 1845.

Il dressait aussi, de temps à autre, à l'exemple de Gabriel Martin, maître inimitable dans ce genre de travail, le catalogue des grandes bibliothèques vendues à l'enchère. Il avait fait avec Charles Nodier celui de Guilbert de Pixerécourt, en 1841 ; il fit encore, en 1845, celui de M. de Soleinne.

Ce dernier laissait une bibliothèque dramatique à laquelle il avait consacré plus de six cent mille francs. Dans son testament, il désignait lui-même le Bibliophile pour en dresser le catalogue. Plus loin, il donnait cette simple indication : *Je laisse* 360,000 *francs, dont* 60,000 *en or,* 100,000 *en billets de banque et* 200,000 *en titres de rentes napolitaines et françaises,* mais sans dire où l'on trouverait cette somme.

On cherche partout, on remue tout, on démonte tout, on feuillète tous les livres, — vaines perquisitions ! La famille crut l'argent volé. Il y eut même un jeune homme arrêté et détenu injustement pendant plusieurs mois sous cette prévention.

Le Bibliophile travaillait à son catalogue dans l'appartement même de M. de Soleinne, et il pensait toujours aux trois cent soixante mille francs.

Un matin, dans une bibliothèque en

bois d'acajou, beau meuble du fameux
Jacob (étrange coïncidence de nom), il
avise une tablette de milieu assez épaisse
pour être creuse, frappe dessus avec le
doigt, frappe encore, et il lui semble
qu'elle rend un son métallique. Plus de
doute, la somme est là. Sur les entre-
faites, arrive l'avoué de la famille.

— Eh bien, lui dit Paul tranquillement,
j'ai trouvé le trésor !

Ce disant, il remue la tablette d'acajou
qui rend un son très-significatif. L'avoué
devient successivement pâle, bleu, cra-
moisi ; il perd la tête et veut casser le
meuble pour saisir l'argent plus vite.

— Patience ! dit notre Bibliophile,
toujours aussi peu ému. M. de Soleinne
ne cassait rien. Voici deux petites char-
nières ; nous devons trouver un ressort.

Il aperçoit, en effet, un point d'acier

presque imperceptible, exerce dessus
une forte pression, et le panneau d'a-
cajou s'abat pour montrer aux yeux les
pièces d'or, les billets de banque et les
titres.

Plus mort que vif, l'avoué prend le
tout dans ses poches et court chez l'héritier de M. de Soleinne.

Le Bibliophile Jacob ne bouge pas, le
laisse aller et reprend son travail. Une
heure après, arrive l'héritier, désireux
de connaître les détails de la découverte,
et ne pouvant croire au calme de ce parfait honnête homme, qui avait regardé
cette fortune comme complétement en
dehors de sa convoitise et de sa compé-
tence. Il eut, plus tard, beaucoup de peine
à lui faire accepter un léger présent.

En 1848, le Bibliophile Jacob se dé-
voua corps et âme à la défense d'un

membre de l'Institut, M. Libri, profes-
sèur de géométrie au collége de France
et à la Sorbonne, et de plus rédacteur
du *Journal des savants* et du *Journal
des Débats.*

On accusait M. Libri de soustractions
faites dans diverses bibliothèques pu-
bliques, non-seulement de Paris, mais
de la province.

Ennemi acharné des idées scienti-
fiques de M. Arago, membre du gouver-
nement provisoire, M. Libri avait cru
prudent de prendre la fuite, sur un avis
anonyme que lui avait fait parvenir un
rédacteur du *National*, M. Terrien. En
son absence, le Bibliophile, avec son
immense érudition, fit ce que l'accusé
n'aurait peut-être pas pu faire lui-même:
il retrouva l'origine de tous les livres et
manuscrits revendiqués par l'État comme

provenant de vols; cita les noms de ceux
qui les avaient vendus à M. Libri; prouva,
par de nombreux exemples, que rien
n'était plus commun que de voir mettre
en vente (même dans la salle des com-
missaires-priseurs) des livres et des manuscrits provenant des bibliothèques pu-
bliques.

« M. Libri, disait-il, savait ces faits
comme moi ; il connaissait l'ancien usage
des biblothécaires de vendre les exemplaires qu'ils avaient en double, ou de
faire des échanges avec des particuliers.
Donc il avait pu devenir possesseur de
bonne foi de ces objets pour lesquels on
le poursuivait. »

Paul Lacroix fit plus encore.

Il adressa une série de lettres [1] au

---

1. Ces lettres ont été réunies depuis en une
forte brochure in-8°

juge d'instruction chargé de l'affaire, à
M. Hatton, esprit inflexible mais loyal,
qui lui avait demandé d'écrire tout ce
qui pourrait servir à éclairer la justice.
L'honnête Bibliophile n'eut pas de peine
·à montrer combien il était impossible à
un homme d'avoir soustrait vingt-cinq
·ou trente mille volumes, disait-on, sans
qu'on eût un seul doute, et sans qu'un
vide dans les rayons décélât immédiatement le vol et le voleur.

Les journaux s'occupèrent longtemps de
cette scandaleuse aventure, qui n'a prou-
vé qu'une chose : l'animosité de messieurs
les républicains contre leurs ennemis.

On se rappelle l'indécence de ce jeu
de mots du *Corsaire* :

« Si c'est l'aveugle hasard, qui a pré-
sidé à l'appellation de cet homme, nomi-
natif pluriel d'un substantif latin, avouez

que c'est bien étrange : LIBRI ! voilà précisément ce qui l'a perdu. »

L'affaire étant de plus en plus envenimée par l'esprit de parti, le fugitif eut tort devant les juges. Il reste à Paul Lacroix l'honneur d'avoir osé le défendre, et maintenant il continue de travailler sans relâche à la réhabilitation d'un homme qu'il croit innocent.

N. Naudet, administrateur général de la Bibliothèque royale, (nationale alors), s'était mis au nombre des agresseurs de M. Libri, sous prétexte de défendre les droits et les intérêts de l'établissement qu'il dirigeait. Paul Lacroix répondit au factum de M. Naudet par une polémique acharnée et violente, devenue célèbre sous le nom des *Cent et une lettres biographiques à M. l'administrateur de la Bibliothèque nationale.*

5.

Chacune de ces lettres accompagnait un ou deux volumes de la bibliothèque, rachetés par le Bibliophile lui-même à l'étalage des bouquinistes ou des libraires de Paris, ce qui fut, dit-on, peu agréable au grand-maître des bibliothèques.

Un nouveau roman de Paul Lacroix parut pendant cette polémique entre bibliothécaires ; il a pour titre *la Dette de Jeu.*

De cette époque date la collaboration du Bibliophile avec Alexandre Dumas. Ce grand directeur de fabrique s'était quelque peu brouillé avec Auguste Maquet, son fournisseur habituel, à la suite du roman de *Balsamo,* publié dans la *Presse,* et il avait au *Constitutionnel* un traité dont il fallait remplir les clauses.

Un soir, il trouve le Bibliophile au Théâtre-Historique et lui conte sa détresse.

Celui-ci offre de lui préparer les éléments d'un grand recueil sur les apparitions, auquel on donnerait le titre des *Mille et un fantômes*. Dumas accepte l'idée. Le lendemain Paul Lacroix se met à l'œuvre. Chaque matin il expédie à Alexandre Dumas ses notes écrites, et, le soir, il va les lui commenter de vive voix.

Le travail marcha de la sorte pour les deux premiers volumes, où tout se trouvait élaboré ; mais, dès l'épisode du *Père Olifus,* Dumas ressent de la fatigue.

Paul ne lui a donné pour ce volume qu'un scénario de cinquante pages, avec les livres qui doivent mener le sujet dans les diverses contrées de l'Inde, et Dumas veut le travail *plus complétement fait* que cela. Aussi, le Bibliophile est contraint de reprendre la suite de ce

roman pour en développer les scènes.
Quand l'ouvrage parut en volumes, Dumas lui en envoya un des premiers exemplaires avec cette dédicace : Cui *pars
magna fuit*.

Le solécisme ne déguisa pas assez
bien la vérité de cette collaboration, qui
fut bientôt connue de tout le monde littéraire. Les *Mille et un fantômes* sont, à
peu de chose près, l'œuvre de Paul Lacroix seul, puisqu'il a fourni : 1º les
personnages, avec les détails qui les
concernaient; 2º le sujet avec ses épi-
sodes ; 3º une dernière partie contenant
les accessoires.

Dumas ne voulut plus ensuite que des
scénarios développés.

Ce fut alors que le Bibliophile lui
donna *la Femme au collier de velours,*
roman si complet, même comme forme,

que les dialogues étaient indiqués, et
que le fils d'Alexandre Dumas, tout jeune
à cette époque, put en remplir plusieurs
chapitres pour son père, entre autres celui
intitulé l'*Opéra*.

Tous ces renseignements sont de la
dernière exactitude.

La *Colombe* est encore un livre dont
le plan fut donné à Alexandre Dumas
par le Bibliophile, mais seulement de
vive voix. Il l'avait composé pendant son
voyage en Italie, et, ne l'ayant pas terminé, il s'en débarrassa. Dumas ne fit
que tronquer et dénaturer sa conception.
La *Tulipe noire* est aussi un plan fourni
par Paul Lacroix, développé par Auguste
Maquet, et légèrement retouché par Dumas. *Olympe de Clèves* appartient au
même titre au Bibliophile. Les deux premiers volumes furent bien un peu tra-

vaillés par Dumas ; mais, comme toujours, il se fatigua avant d'avoir achevé
sa tâche. Il fallut terminer pour lui. Enfin, *Ingénue* est le dernier enfant de
l'imagination de •Paul .Lacroix adopté
par Dumas. Quand la famille de Rétif de
la Bretonne attaqua ce roman comme
diffamatoire pour son aïeul, Dumas,
pris au dépouvu et ne sachant pas un
traître mot de l'affaire, renvoya les plai-
gnants auprès de son mystérieux collaborateur, et ce fut celui-ci qui termina
le procès, où le journal *le Siècle* se
trouvait également engagé.

Ne pouvant parvenir à se faire payer
sa part de collaboration, Paul Lacroix
renonça à travailler pour Alexandre Dumas.

Il avait scrupuleusement gardé le se-
cret ; les seules difficultés du régle-

ment de compte le trahirent. Aujour-
d'hui, à force de persistance, il est payé
et ne demande rien de plus. Il a donné
sa part de chair fraîche à l'ogre littéraire ; là-dessus il ne doit attendre ni
nos sympathies ni nos éloges.

Redevenu libre dans ses travaux, il
composa son *Histoire du moyen-âge*,
œuvre splendide et grandiose, publiée en
cinq volumes in-4°, avec un luxe inimitable de planches et de gravures repré-
sentant tous les objets d'art conservés
de cette époque, et le *Livre d'or des métiers*, histoire des corporations d'arts et
métiers de la France et de la Belgique.
C'est un grand ouvrage du même genre
que le précédent, mais il est resté ina-
chevé.

Vers l'année 1840, une correspon-
dance littéraire s'était établie entre le

prince Louis Bonaparte et Paul Lacroix.

Ils avaient dû faire ensemble une
*Histoire de Napoléon I*er *et de la dynas-*
tie napoléonienne ; mais les événements
de Boulogne y mirent obstacle. Le Bibliophile avait interrompu son travail. Il
écrivit, seul, d'après des documents nou-
veaux, de 1849 à 1852, une *Histoire po-*
litique, anecdotique et populaire de Na-
poléon III, en quatre volumes grand
in-8º. L'ouvrage terminé, Paul Lacroix
le porta lui-même à l'Empereur, au pa-
lais de Saint-Cloud.

Peu de temps après, Napoléon le reçut
en audience particulière.

— Je suis enchanté de vous voir, lui
dit-il. Votre livre a beaucoup d'intérêt.
Je trouve le troisième volume admirable ;
le second est celui des quatre dans lequel

il y aurait peut-être quelques changements à faire.

Le Bibliophile ne sut jamais saisir la fortune, alors même qu'elle était devant lui. A l'heure où nous écrivons ces lignes, il est conservateur à la bibliothèque de l'Arsenal. C'est là qu'il habite, heureux, tranquille, sans ambition, bienveillant, accessible à tous et travaillant sans cesse. Avant d'aller s'enfouir au milieu des livres de cette bibliothèque, il avait encore composé trois romans : *les Mystificateurs et les Mystifiés*, publié dans le *Pays*, — *le Dieu Pépétius*, publié dans la *Revue contemporaine*, — et *le Comte de Vermandois*, publié dans *le Constitutionnel*.

Ce dernier roman avait dû paraître sous le nom de Dumas et s'intituler *le Fils de la Duchesse de la Valliè-*

re ; mais l'inexécution des traités remit cette œuvre entre les mains de son véritable auteur, ainsi que deux autres romans, les *Carbonari de Naples*, et *Octavie* (suite d'*Isaac Laquedem*). C'est toujours cela de sauvé des griffes du vampire.

Paul Lacroix est chevalier de la Légion d'honneur depuis 1836. Il a été élevé au grade d'officier en janvier 1860.

Devenu bibliothécaire, il cesse d'être romancier et ne veut plus être qu'historien et bibliographe. Il a publié cinq premiers volumes de ses œuvres historiques : *Curiosités de l'histoire des arts,* — *Curiosités de l'histoire de France,* — *Curiosités de l'histoire du vieux Paris,* — *Curiosités de l'histoire des mœurs* (1858-1859) ; les deux premiers volumes de ses œuvres bibliographiques : *Disser-*

tations (1864), — *Énigmes et Décou-vertes* (1866) ; les quatre premiers vo-lumes d'une grande *Histoire de la vie et du règne de Nicolas I*ᵉʳ*, empereur de Russie* (grand in-8º, 1865 et 1866), écrite d'après des documents inédits et authentiques. Cette histoire ne formera pas moins de sept à huit volumes.

Nous ne parlons pas d'une dizaine d'éditions nouvelles d'anciens auteurs français, tels que Cyrano de Bergerac, Claude Le Petit, Marguerite de Navarre, Bonaventure Desperriers, François Villon etc., que Paul Lacroix a fournies aux *Bibliothèques elzévirienne et gauloise,* et qui se recommandent par de précieux travaux de critique littéraire. Nous ne parlons pas non plus d'une série de petits livres fort piquants : *les Secrets de beauté de Diane de Poitiers,* — *la Jeunesse de*

Molière, — *Impressions de voyage en Italie,* — *Marion Delorme* et *Ninon de Lenclos,* etc. Mentionnons seulement un journal artistique, que l'auteur de tant d'ouvrages divers rédige presque seul depuis douze ans : la *Revue universelle des arts* (22 volumes grand in-8º).

Pour se délasser de ces publications innombrables, Paul Lacroix achève en ce moment le Catalogue raisonné des manuscrits de la bibliothèque de l'Arsenal.

On peut dire qu'il est le fondateur de la science bibliographique en France. Il sera de l'Académie, le jour où les votes iront droit au mérite, sans s'égarer en chemin dans le dédale de l'intrigue.

FIN

EN VENTE :

Jules Favre.
Victor Hugo.
Berryer.
Le Père Félix.
Balzac.
Châteaubriand.
Odilon Barrot.
Villemessant.
Dumas père.
Le bibliophile Jacob
  (Paul Lacroix).
Auber. — Offenbach.
Rosa Bonheur.
Emile de Girardin.
Mgr Dupanloup.
Rose Chéri. — Bouffé.
Timothée Trimm.
Gérard de Nerval. —
  Eugène Guinot.
Gavarni.
Théophile Gautier.
Crémieux.
Garibaldi.
Sainte-Beuve.
Paul de Kock,
Jules Janin.
Barbès.
Lacordaire.
Guizot.

Lamartine.
Béranger.
Lamennais.
Charles Monselet.
Ponsard.
Augustine et Madeleine
  Brohan.
Cavour.
L'Impératrice Eugénie.
Bismark.
Ingres.
Alphonse Karr.
Mazzini.
Canrobert.
François Arago.
Armand Marrast.
Havin.
Méry.
Victor Cousin.
Mme Arnould Plessy.
Elie Berthet.— Etienne
  Arago.
Arnal.- Adolphe Adam.
Cormenin.
Melingue.
Pie IX.
Louis Veuillot.
Mérimée.
George Sand.

Paris. — Imprimerie H. Carion, 64. rue Bonaparte.

www.ingramcontent.com/pod-product-compliance
Lightning Source LLC
LaVergne TN
LVHW022129080426
835511LV00007B/1083